Dennis Schwab

Sudoku

für

Anfängers

FSC
www.fsc.org
MIX
Papier aus verantwortungsvollen Quellen
Paper from responsible sources
FSC® C105338

Bibliografische Information der Deutschen Nationalbibliothek:
Die Deutsche Nationalbibliothek verzeichnet diese Publikation in der Deutschen Nationalbibliografi; detaillierte bibliografische Daten sind im Internet über: http://dnb.de abrufbar.

Herstellung und Verlag:
Bod – Books on Demand, Norderstedt

ISBN: 978-3-8448-1550-4

Sudoku Geschichte

Die Geschichte von Sudoku beginnt mit einer Erfindung des Schweizer Mathematikers Herrn Leonhard Euler. Dieser hat im 18. Jahrhundert ein Zahlenrätsel mit dem Namen "Lateinisches Quadrat" erfunden. Das Spielfeld der „lateinischen Quadrate“ war im Gegensatz zu den heutigen Sudokus noch nicht in Blöcke aufgeteilt.

Erst 1979 wurde das Sudoku in der heute bekannten Form das erste Mal in der Zeitschrift "Dell Pencil Puzzles & Word Games " unter dem Namen "Number Place" veröffentlicht. Der Unterschied zu den lateinischen Quadraten bestand darin, dass es beim Sudoku noch sogenannte Blöcke gab, welche das Spielfeld unterteilen.

Der große Durchbruch gelang 1986 in Japan. Hier veröffentlichte die japanische Zeitschrift Monthly Nikolist regelmäßig Sudokus. Aus dieser Zeit stammt auch der Name für das Zahlenrätsel - Sudoku. Der Neuseeländer Wayne Gould brachte dann das Sudoku von einer Japanreise mit nach England. Über sechs Jahre entwickelte dieser eine Software, die Sudokus auf Knopfdruck erstellen konnte. Mit dieser Software ging er zur „Times“, welche dann regelmäßig Sudokus veröffentlichte. Inzwischen hat Sudoku die Welt erobert. In vielen Ländern hat das Zahlenrätsel Sudoku unzählige Rätselfreunde in seinen Bann gezogen.

Sudoku Techniken

Ein Sudoku-Gitter besteht aus 81 Kästchen, die in neun Reihen (a-i) und 9 Spalten (1-9) aufgeteilt sind. Außerdem ist es in 9 3x3-Quadrate unterteilt, die sogenannten Boxen 1-9. Der einfachste Weg, mit einem Sudoku zu beginnen ist es, Spalten, Reihen und Boxen zu überfliegen, um Stellen zu finden, an denen nur eine einzige Zahl in ein Kästchen passt. Das Überfliegen ist eine schnelle Methode, die für das Lösen einfacher Rätsel, normalerweise ausreicht. Doch auch für schwere Rätsel hat sich diese Methode bewährt, allerdings nur bis zu dem Punkt, an dem ausgeklügeltere Lösungstechniken nötig sind. Hier einige Formen der Technik des Überfliegens:

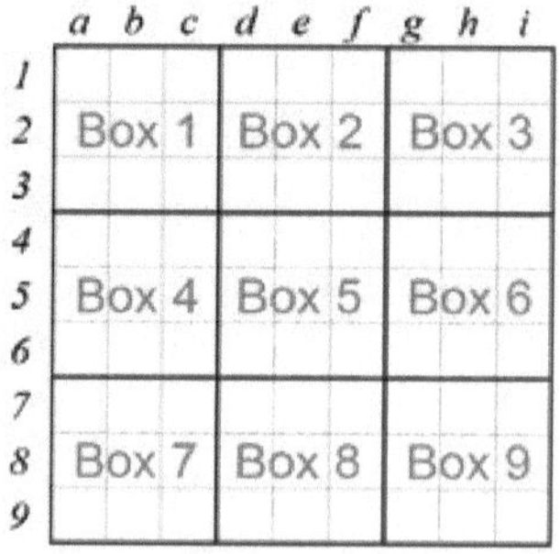

In eine Richtung überfliegen

Bei unserem ersten Beispiel konzentrieren wir uns auf die Box 2, die wie jede andere eine 9 enthalten muss. Wenn wir uns die Boxen 1 und 2 anschauen, sehen wir, dass beide schon eine 9 enthalten, und zwar in Reihe 2 und 3, was diese beiden Reihen in Box 2 ausschließt. Also bleibt Feld e1 als einzige Möglichkeit, die 9 zu platzieren.

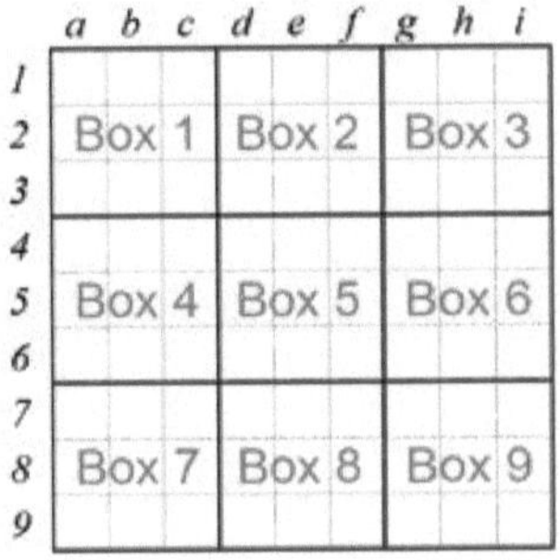

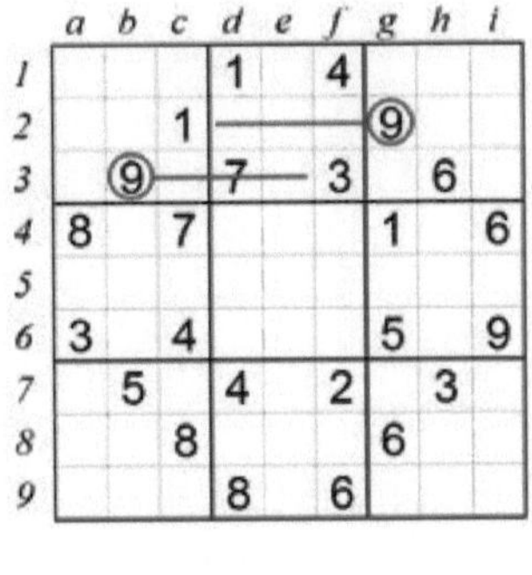

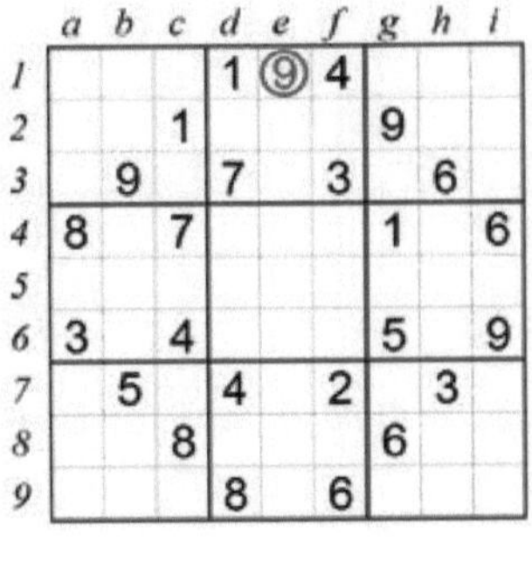

In zwei Richtungn überfliegen

Die Technik kann erweitert werden, indem man Reihen und Spalten gleichzeitig betrachtet. Schauen wir mal, wo wir die 1 in Box 3 platzieren können. Bei diesem Beispiel enthalten die Reihen 1 und 2 bereits jeweils eine 1, was zu zwei möglichen Kästchen in Box 3 führt. Da allerdings in der Spalte g auch schon eine 1 vorhanden ist, ist das Feld i3 das einzige, das für die 1 in dieser Box übrig bleibt.

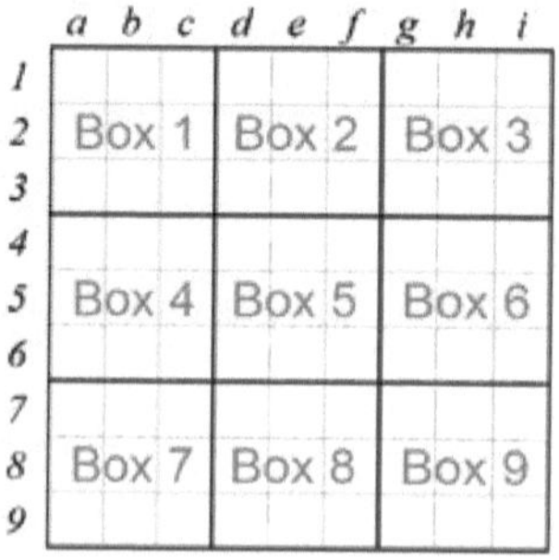

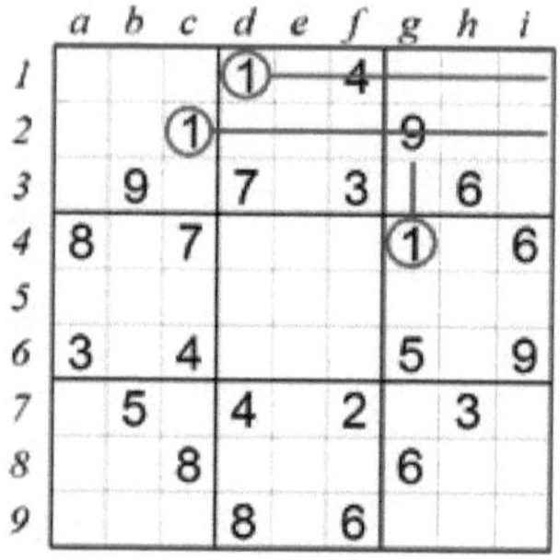

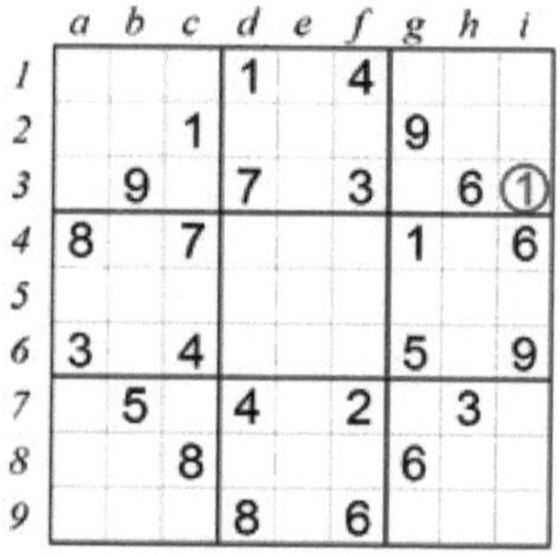

Eindeutige Kandidaten suchen

Oft kommt es vor, dass nur eine einzige Zahl in ein Kästchen passt, weil die anderen acht in den entscheidenden Spalten, Zeilen oder in der Box bereits vorkommen. Wenn wir uns das Kästchen b4 genau anschauen, dann sehen wir, dass 3, 4, 7 und 8 in derselben Box bereits vorkommen, 1 und 6 stehen in derselben Zeile und 5 und 9 in derselben Spalte. Also bleibt als Kandidat für das Feld b4 nur noch die 2 übrig.

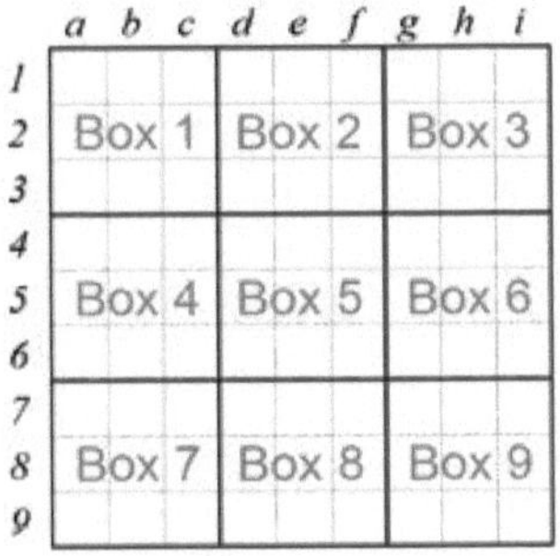

	a	b	c	d	e	f	g	h	i
1				1		4			
2			1				9		
3		⑨		7		3		6	
4	⑧		⑦				①		⑥
5									
6	③		④				5		9
7		⑤		4		2		3	
8			8				6		
9				8		6			

	a	b	c	d	e	f	g	h	i
1				1		4			
2			1				9		
3		9		7		3		6	
4	8	②	7				1		6
5									
6	3		4				5		9
7		5		4		2		3	
8			8				6		
9				8		6			

Zahlen ausschließen

Das Ausschlussverfahren stellt einen komplexeren Weg dar, Zahlen herauszufinden. Die 1 in c8 bedeutet, dass entweder in e7 oder e9 eine 1 stehen muss. Wo genau die 1 in Box 8 letztendlich auch steht, erscheint sie dort in der Spalte e, sodass für die 1 in Box 2 nur noch d2 bleibt.

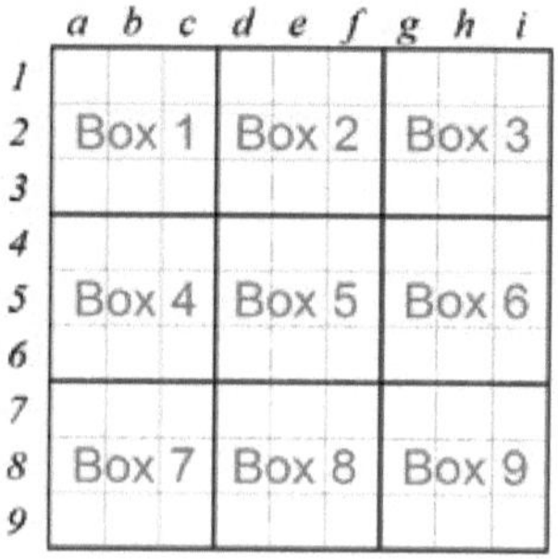

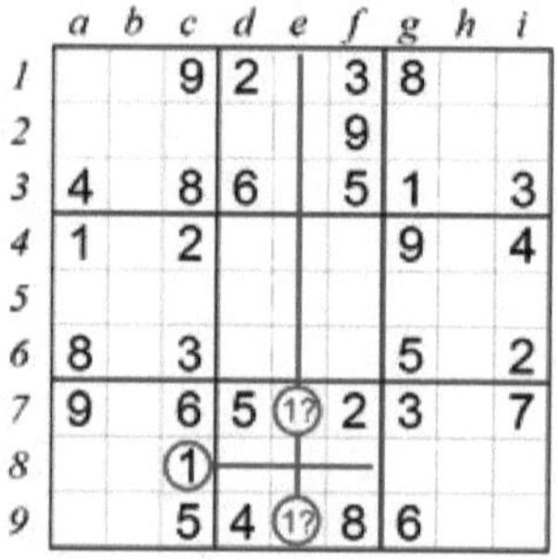

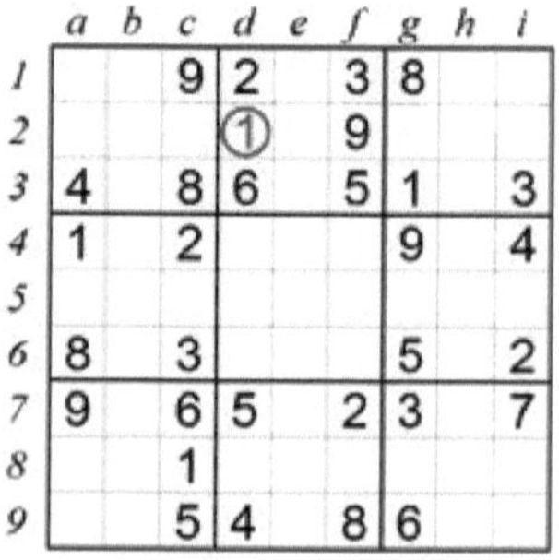

In Reihen und Spalten nach fehlenden Zahlen suchen

Diese Methode kann besonders dann nützlich sein, wenn Zeilen und Spalten so gut wie komplett sind. Schauen wir uns die Zeile 6 an. Sieben der neun Kästchen enthalten die Zahlen 1, 2, 3, 4, 5, 8 und 9, es fehlen nur noch die 6 und die 7. Die 6 kann nicht in h6 stehen, weil es in dieser Reihe bereits eine 6 gibt, also bleibt nur noch b6.

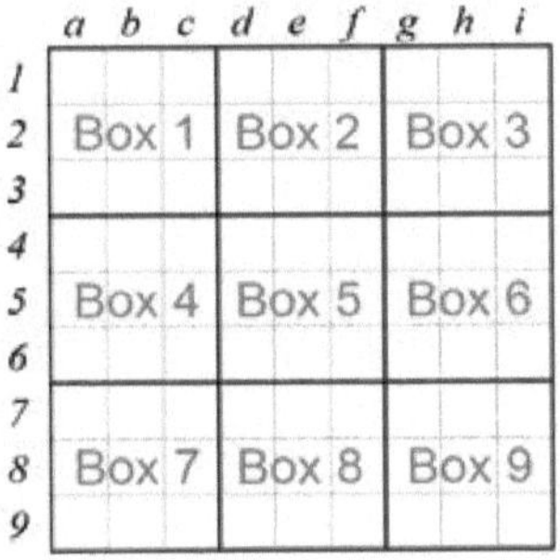

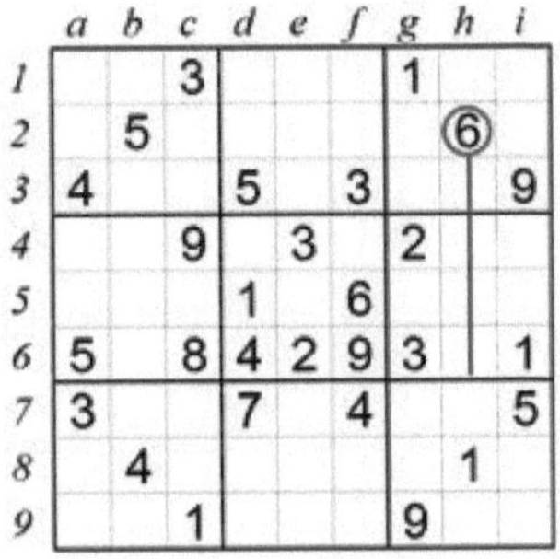

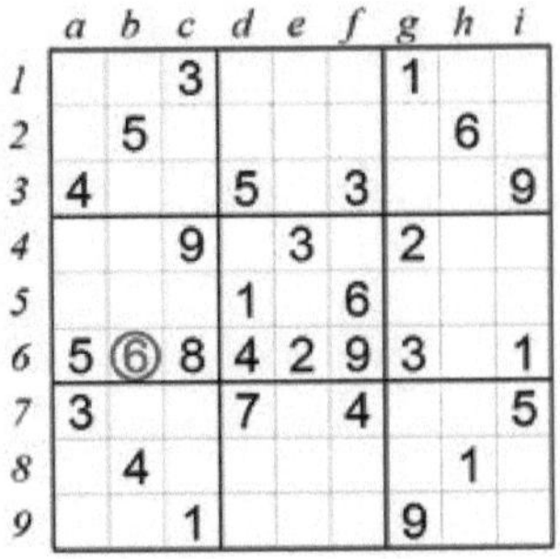

Analystechniken

Wenn die Sudokus schwieriger werden, reichen die beschriebenen Techniken nicht mehr aus, und es müssen ausgeklügeltere Methoden angewendet werden. Schwere Rätsel erfordern eine tiefere logische Analyse, die mithilfe von Bleistiftmarkierungen gelingt. Bei dieser Technik schreibt man kleine Zahlen in die Kästchen, um zu notieren, welche Zahlen möglich sein könnten. Nachdem man das Rätsel mit diesen kleinen Zahlen versehen hat, müssen die Ergebnisse analysiert, spezielle Zahlenkombinationen identifiziert und daraus abgeleitet werden, welche Zahlen wo platziert werden müssen. Hier einige Formen der Analysetechnik:

Felder in Boxen durch 'nackte Paare' ausschließen

In diesem Beispiel können die Felder c7 und c8 in Box 7 nur die Zahlen 4 und 9 enthalten, wie man an den roten Bleistiftmarkierungen sehen kann. Wir wissen noch nicht genau, welche Zahl wo hingehört, aber wir wissen, dass beide Kästchen besetzt sind. Darüber hinaus schließt das Feld a6 aus, dass die 6 in der linken Spalte von Box 7 erscheint. Also kann die 6 nur im Feld b9 platziert werden. Einen solchen Fall, wo ein und dasselbe Paar in nur zwei Boxen gesetzt werden kann, nennt man 'disjunktive Teilmenge' und wenn diese 'disjunktiven Teilmengen' leicht zu erkennen sind, heißen sie 'nackte Paare'.

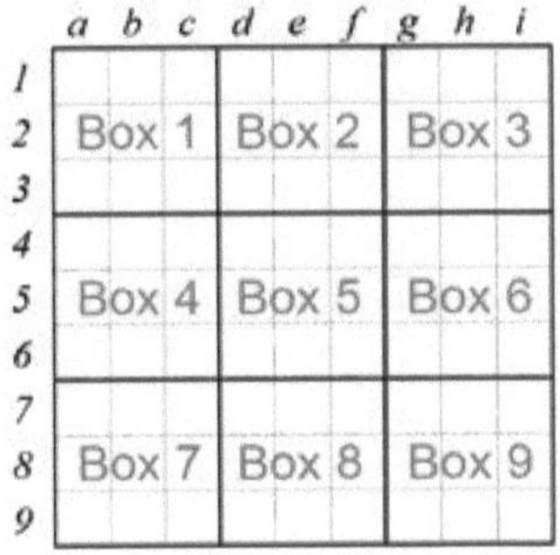

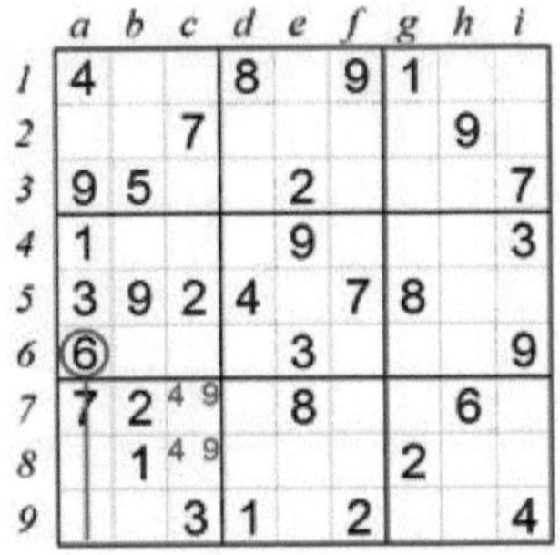

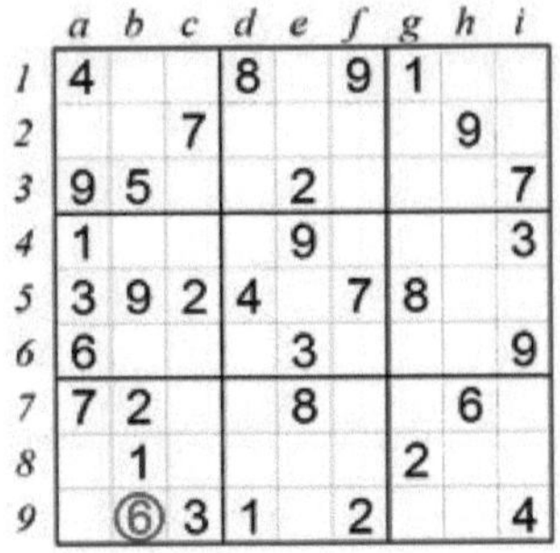

Felder in Zeilen und Spalten durch 'nackte Paare' ausschließen

Die vorherige Lösetechnik ist nützlich, um eine Zahl innerhalb einer Zeile oder einer Spalte auszuschließen. In diesem Beispiel sehen wir, dass die Kästchen d9 and f9 in Box 8 nur 2 und 7 enthalten können. Wieder wissen wir noch nicht, wer genau wo hingehört, aber wir wissen, dass beide Felder besetzt sind. Die Zahlen, die für Reihe 9 übrig bleiben sind 1, 6 und 8. Da die 6 nicht in a9 oder i9 gesetzt werden kann, ist das einzig mögliche Feld c9.

	a	b	c	d	e	f	g	h	i
1									
2		Box 1			Box 2			Box 3	
3									
4									
5		Box 4			Box 5			Box 6	
6									
7									
8		Box 7			Box 8			Box 9	
9									

	a	b	c	d	e	f	g	h	i
1	9	6			1			3	
2	3		2				8		4
3		7						9	6
4				3		8			
5	6		9					8	5
6				4		9			
7		2		5	8	4		6	
8	5		8				②		⑦
9		4		2 7	9	2 7	3	5	

	a	b	c	d	e	f	g	h	i
1	9	6			1			3	
2	3		2				8		4
3		7						9	6
4				3		8			
5	6		9					8	5
6				4		9			
7		2		5	8	4		6	
8	5		8				2		7
9		4	⑥		9		3	5	

Felder durch 'versteckte Paare' in Reihen und Spalten ausschließen

'Disjunktive Teilmengen' sind nicht immer auf den ersten Blick zu erkennen, weshalb wir sie in einem solchen Fall 'versteckte Paare' nennen. Wenn wir uns die Bleistiftmarkierungen in Reihe 7 genauer anschauen, sehen wir, dass sowohl die 1 als auch die 4 nur in f7 und g7 platziert werden kann. Das bedeutet, dass die 1 und die 4 ein 'verstecktes Paar' sind, und dass f7 und g7 keine anderen Zahlen enthalten können. Mit der Methode des Überfliegens sehen wir, dass die 7 nur im Feld d7 platziert werden kann.

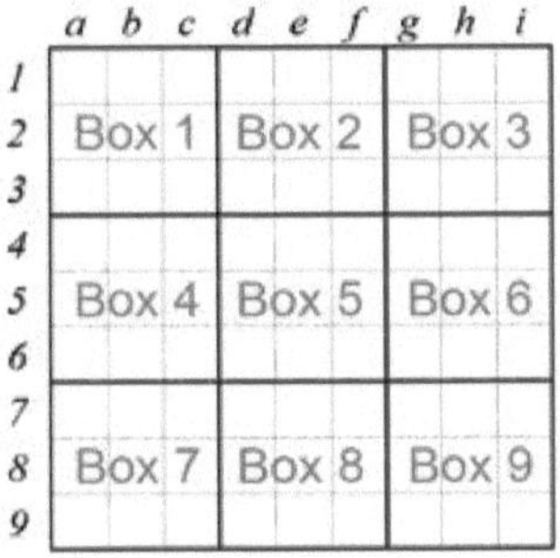

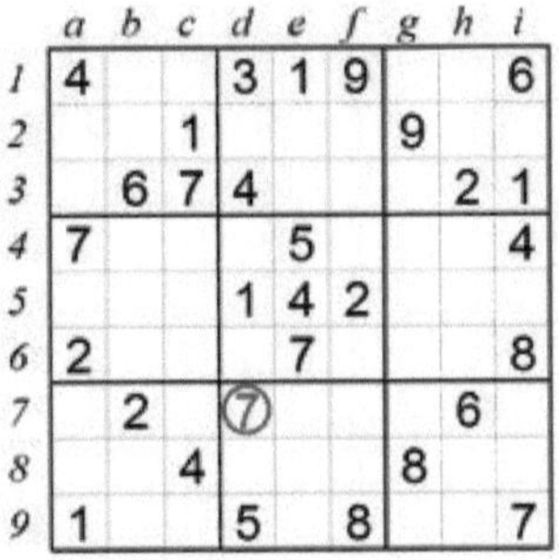

Felder durch die X-Methode ausschließen

Die X-Methode kommt nur in einigen extrem schwierigen Rätseln zum Einsatz. Beim Überfliegen der Spalte a sehen wir, dass die 4 nur in den Feldern a2 oder a9 vorkommen kann. Ebenso kann die 4 nur in i2 oder i9 erscheinen. Aufgrund der X-Methoden bei der Boxen in derselben Reihe (oder Spalte) liegen, taucht eine neue logische Einschränkung auf: Es ist offensichtlich, dass die 4 in Reihe 2 nur in a2 oder i2, und in keinem anderen Feld platziert werden kann. Deshalb kann die 4 von c2 ausgeschlossen werden, in das die 2 gehört.

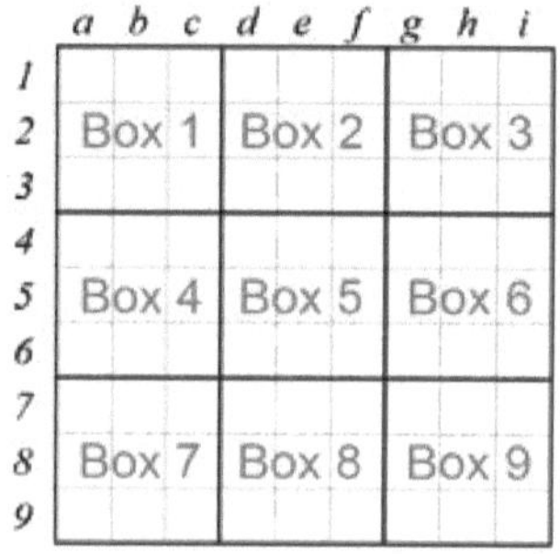

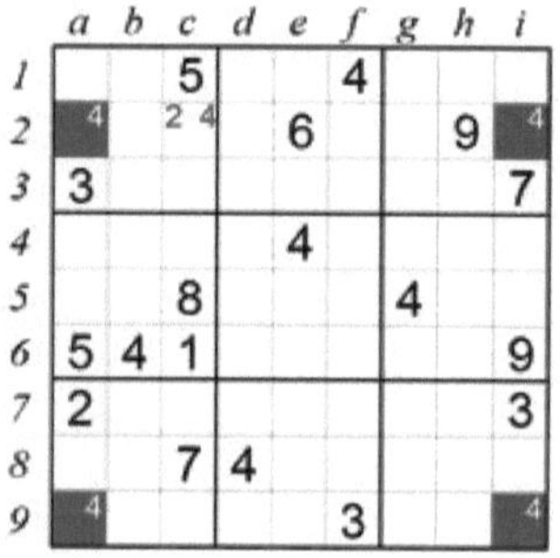

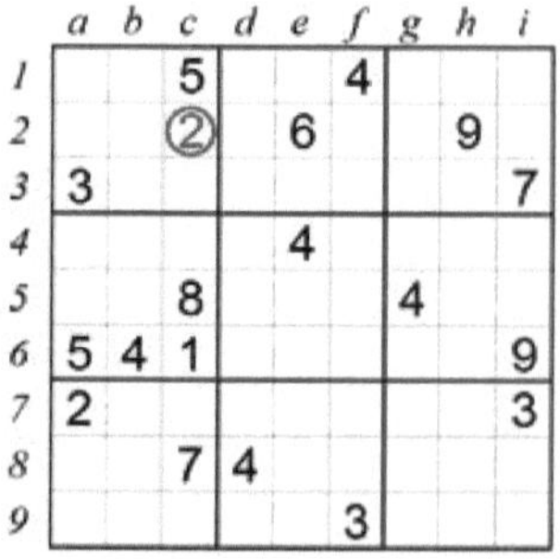

5						7	9	4
			7		5			
7				6	3		2	
4	5	7					1	
8		3		1		9		7
	1					5	8	6
	7		2	4				1
			8		7			
6	8	4						3

Nr. 1 **Schwierigkeit: leicht**

		3	9	2				6
6				5	4		3	
		2		7			9	
7			3			5	2	
		8		1		6		
	2	4			9			1
	4			8		2		
	8		4	3				5
3				9	2	4		

Nr. 2 **Schwierigkeit: leicht**

5	3	6	1	2	8	7	9	4
2	4	1	7	9	5	6	3	8
7	9	8	4	6	3	1	2	5
4	5	7	6	8	9	3	1	2
8	6	3	5	1	2	9	4	7
9	1	2	3	7	4	5	8	6
3	7	9	2	4	6	8	5	1
1	2	5	8	3	7	4	6	9
6	8	4	9	5	1	2	7	3

Nr. 1 **Lösung**

4	7	3	9	2	1	8	5	6
6	9	1	8	5	4	7	3	2
8	5	2	6	7	3	1	9	4
7	1	6	3	4	8	5	2	9
9	3	8	2	1	5	6	4	7
5	2	4	7	6	9	3	8	1
1	4	9	5	8	7	2	6	3
2	8	7	4	3	6	9	1	5
3	6	5	1	9	2	4	7	8

Nr. 2 **Lösung**

				1	8			4
	5	1	7					6
8				5	6			3
3		7				2		8
		5		9		6		
4		9				1		5
9			4	6				2
5					7	3	6	
6			3	2				

Nr. 3 **Schwierigkeit: leicht**

2		6				9	8	
	3							
	8	1	2		9		5	4
	4	9			5		2	
3				7				9
	7		4			1	6	
4	6		9		7	2	3	
							1	
	2	7				4		8

Nr. 4 **Schwierigkeit: leicht**

7	3	6	9	1	8	5	2	4
2	5	1	7	3	4	9	8	6
8	9	4	2	5	6	7	1	3
3	6	7	5	4	1	2	9	8
1	2	5	8	9	3	6	4	7
4	8	9	6	7	2	1	3	5
9	1	3	4	6	5	8	7	2
5	4	2	1	8	7	3	6	9
6	7	8	3	2	9	4	5	1

Nr. 3 **Lösung**

2	5	6	7	4	3	9	8	1
9	3	4	5	8	1	6	7	2
7	8	1	2	6	9	3	5	4
6	4	9	1	3	5	8	2	7
3	1	2	6	7	8	5	4	9
8	7	5	4	9	2	1	6	3
4	6	8	9	1	7	2	3	5
5	9	3	8	2	4	7	1	6
1	2	7	3	5	6	4	9	8

Nr. 4 **Lösung**

			9		6			
8	5						1	6
					1	8		9
5	3			2	4	6		8
		6		1		5		
9		4	6	5			3	7
2		7	4					
4	9						5	3
			8		2			

Nr. 5 **Schwierigkeit: leicht**

		5			9	3		7
4				7		8		
			3			2	4	
3	1		9		7		5	
9				6				4
	7		4		1		2	3
	5	3			2			
		8		3				6
6		9	1			7		

Nr. 6 **Schwierigkeit: leicht**

1	4	2	9	8	6	3	7	5
8	5	9	2	7	3	4	1	6
6	7	3	5	4	1	8	2	9
5	3	1	7	2	4	6	9	8
7	8	6	3	1	9	5	4	2
9	2	4	6	5	8	1	3	7
2	6	7	4	3	5	9	8	1
4	9	8	1	6	7	2	5	3
3	1	5	8	9	2	7	6	4

Nr. 5 **Lösung**

2	6	5	8	4	9	3	1	7
4	3	1	2	7	5	8	6	9
8	9	7	3	1	6	2	4	5
3	1	4	9	2	7	6	5	8
9	8	2	5	6	3	1	7	4
5	7	6	4	8	1	9	2	3
7	5	3	6	9	2	4	8	1
1	2	8	7	3	4	5	9	6
6	4	9	1	5	8	7	3	2

Nr. 6 **Lösung**

	4	2			6	3		
1	3			8			5	7
8		9	4	7			2	
3					7			
				2				
			5					1
	8			6	5	7		2
6	9			4			1	8
		5	3			6	9	

Nr. 7 **Schwierigkeit: leicht**

		7						4
8		5	4			3	7	
		2	6		7			
1				6	8			3
5		6		3		7		9
3			1	7				8
			9		3	1		
	4	1			6	9		2
2						8		

Nr. 8 **Schwierigkeit: leicht**

7	4	2	1	5	6	3	8	9
1	3	6	2	8	9	4	5	7
8	5	9	4	7	3	1	2	6
3	1	8	6	9	7	2	4	5
5	6	4	8	2	1	9	7	3
9	2	7	5	3	4	8	6	1
4	8	1	9	6	5	7	3	2
6	9	3	7	4	2	5	1	8
2	7	5	3	1	8	6	9	4

Nr. 7 **Lösung**

9	6	7	3	1	5	2	8	4
8	1	5	4	9	2	3	7	6
4	3	2	6	8	7	5	9	1
1	7	9	5	6	8	4	2	3
5	8	6	2	3	4	7	1	9
3	2	4	1	7	9	6	5	8
6	5	8	9	2	3	1	4	7
7	4	1	8	5	6	9	3	2
2	9	3	7	4	1	8	6	5

Nr. 8 **Lösung**

4			2		9		6	7
7		8	1				5	
					5	4	8	
5						2	3	
1				9				4
	4	2						9
	6	1	4					
	9				7	6		3
2	5		9		6			8

Nr. 9 **Schwierigkeit: leicht**

			3			9	8	1
6			9		8		3	
			5			4		
2	6	5						3
	8		6	3	7		5	
7						8	6	9
		3			4			
	2		7		3			8
1	5	9			6			

Nr. 10 **Schwierigkeit: leicht**

4	1	5	2	8	9	3	6	7
7	3	8	1	6	4	9	5	2
9	2	6	3	7	5	4	8	1
5	7	9	8	4	1	2	3	6
1	8	3	6	9	2	5	7	4
6	4	2	7	5	3	8	1	9
3	6	1	4	2	8	7	9	5
8	9	4	5	1	7	6	2	3
2	5	7	9	3	6	1	4	8

Nr. 9 **Lösung**

5	4	7	3	6	2	9	8	1
6	1	2	9	4	8	7	3	5
3	9	8	5	7	1	4	2	6
2	6	5	4	8	9	1	7	3
9	8	1	6	3	7	2	5	4
7	3	4	2	1	5	8	6	9
8	7	3	1	5	4	6	9	2
4	2	6	7	9	3	5	1	8
1	5	9	8	2	6	3	4	7

Nr. 10 **Lösung**

2						6	9	5
			1		9			
8				2	5		1	
6	9	7					3	
3		8		4		5		7
	5					9	2	8
	4		3	1				6
			5		2			
5	1	6						3

Nr. 11 Schwierigkeit: leicht

		6	9	7				4
5				8	2		6	
		9		5			7	
9			7			6	3	
		4		2		5		
	2	8			6			1
	9			6		4		
	3		8	9				6
6				1	5	3		

Nr. 12 Schwierigkeit: leicht

2	7	1	4	8	3	6	9	5
4	6	5	1	7	9	3	8	2
8	3	9	6	2	5	7	1	4
6	9	7	2	5	8	4	3	1
3	2	8	9	4	1	5	6	7
1	5	4	7	3	6	9	2	8
9	4	2	3	1	7	8	5	6
7	8	3	5	6	2	1	4	9
5	1	6	8	9	4	2	7	3

Nr. 11 **Lösung**

2	1	6	9	7	3	8	5	4
5	7	3	4	8	2	1	6	9
4	8	9	6	5	1	2	7	3
9	5	1	7	4	8	6	3	2
3	6	4	1	2	9	5	8	7
7	2	8	5	3	6	9	4	1
8	9	2	3	6	7	4	1	5
1	3	5	8	9	4	7	2	6
6	4	7	2	1	5	3	9	8

Nr. 12 **Lösung**

				9	3			8
	7	5	2					9
9				1	5			2
2		9				8		5
		8		5		9		
6		4				1		7
1			5	3				4
8					1	3	5	
5			8	7				

Nr. 13 Schwierigkeit: leicht

6		9				5	3	
	2							
	5	1	9		2		7	4
	4	5			9		8	
7				8				3
	8		6			4	1	
4	6		5		1	3	2	
							4	
	3	7				6		9

Nr. 14 Schwierigkeit: leicht

4	2	1	6	9	3	5	7	8
3	7	5	2	4	8	6	1	9
9	8	6	7	1	5	4	3	2
2	3	9	1	6	7	8	4	5
7	1	8	4	5	2	9	6	3
6	5	4	3	8	9	1	2	7
1	9	2	5	3	6	7	8	4
8	4	7	9	2	1	3	5	6
5	6	3	8	7	4	2	9	1

Nr. 13 **Lösung**

6	7	9	8	1	4	5	3	2
8	2	4	7	5	3	9	6	1
3	5	1	9	6	2	8	7	4
2	4	5	1	3	9	7	8	6
7	1	6	4	8	5	2	9	3
9	8	3	6	2	7	4	1	5
4	6	8	5	9	1	3	2	7
5	9	2	3	7	6	1	4	8
1	3	7	2	4	8	6	5	9

Nr. 14 **Lösung**

			7		9			
7	3						1	9
					4	5		8
9	7			4	8	2		6
		6		2		1		
2		3	1	6			5	4
1		9	4					
4	6						9	1
			8		1			

Nr. 15 Schwierigkeit: leicht

		7			8	1		6
9				6		8		
			5			9	7	
1	5		2		9		6	
4				1				9
	8		3		7		1	4
	9	4			3			
		1		8				7
3		8	9			4		

Nr. 16 Schwierigkeit: leicht

8	1	4	7	5	9	3	6	2
7	3	5	6	8	2	4	1	9
6	9	2	3	1	4	5	7	8
9	7	1	5	4	8	2	3	6
5	4	6	9	2	3	1	8	7
2	8	3	1	6	7	9	5	4
1	5	9	4	7	6	8	2	3
4	6	8	2	3	5	7	9	1
3	2	7	8	9	1	6	4	5

Nr. 15 **Lösung**

2	3	7	4	9	8	1	5	6
9	1	5	7	6	2	8	4	3
8	4	6	5	3	1	9	7	2
1	5	3	2	4	9	7	6	8
4	7	2	8	1	6	5	3	9
6	8	9	3	5	7	2	1	4
7	9	4	1	2	3	6	8	5
5	2	1	6	8	4	3	9	7
3	6	8	9	7	5	4	2	1

Nr. 16 **Lösung**

	7	2			6	8		
9	4			7			1	2
8		5	1	9			3	
7					4			
				1				
			2					3
	2			3	8	7		1
5	8			2			9	6
		4	7			5	2	

Nr. 17 Schwierigkeit: leicht

		7						5
4		5	3			2	7	
		1	7		8			
8				7	3			4
6		4		8		3		1
5			1	9				6
			9		7	6		
	5	6			2	1		9
2						8		

Nr. 18 Schwierigkeit: leicht

1	7	2	3	4	6	8	5	9
9	4	3	8	7	5	6	1	2
8	6	5	1	9	2	4	3	7
7	3	1	9	8	4	2	6	5
2	5	8	6	1	3	9	7	4
4	9	6	2	5	7	1	8	3
6	2	9	5	3	8	7	4	1
5	8	7	4	2	1	3	9	6
3	1	4	7	6	9	5	2	8

Nr. 17 **Lösung**

3	8	7	4	2	6	9	1	5
4	6	5	3	1	9	2	7	8
9	2	1	7	5	8	4	6	3
8	1	9	6	7	3	5	2	4
6	7	4	2	8	5	3	9	1
5	3	2	1	9	4	7	8	6
1	4	8	9	3	7	6	5	2
7	5	6	8	4	2	1	3	9
2	9	3	5	6	1	8	4	7

Nr. 18 **Lösung**

3			8		4		5	2
8		2	9				1	
					3	6	8	
1						7	3	
4				5				9
	9	7						1
	3	1	2					
	5				9	1		6
2	8		5		6			4

Nr. 19 **Schwierigkeit: leicht**

			8			7	9	2
2			6		5		3	
			7			5		
9	5	4						3
	8		9	1	7		4	
1						6	8	9
		8			9			
	6		5		8			7
7	3	2			4			

Nr. 20 **Schwierigkeit: leicht**

3	1	6	8	7	4	9	5	2
8	7	2	9	6	5	4	1	3
9	4	5	1	2	3	6	8	7
1	6	8	4	9	2	7	3	5
4	2	3	7	5	1	8	6	9
5	9	7	6	3	8	2	4	1
6	3	1	2	4	7	5	9	8
7	5	4	3	8	9	1	2	6
2	8	9	5	1	6	3	7	4

Nr. 19 **Lösung**

6	4	5	8	3	1	7	9	2
2	7	1	6	9	5	8	3	4
8	9	3	7	4	2	5	6	1
9	5	4	2	8	6	1	7	3
3	8	6	9	1	7	2	4	5
1	2	7	4	5	3	6	8	9
5	1	8	3	7	9	4	2	6
4	6	9	5	2	8	3	1	7
7	3	2	1	6	4	9	5	8

Nr. 20 **Lösung**

2						9	3	1
			2		7			
3				9	8		2	
6	9	2					8	
5		3		8		1		2
	4					3	9	6
	3		4	1				8
			9		6			
7	1	5						9

Nr. 21 **Schwierigkeit: leicht**

		3	2	6				7
2				7	4		6	
		1		3			4	
8			4			6	9	
		6		8		2		
	2	7			5			4
	3			5		1		
	6		3	4				9
7				1	8	4		

Nr. 22 **Schwierigkeit: leicht**

2	8	7	5	6	4	9	3	1
1	6	9	2	3	7	8	5	4
3	5	4	1	9	8	6	2	7
6	9	2	3	4	1	7	8	5
5	7	3	6	8	9	1	4	2
8	4	1	7	5	2	3	9	6
9	3	6	4	1	5	2	7	8
4	2	8	9	7	6	5	1	3
7	1	5	8	2	3	4	6	9

Nr. 21 **Lösung**

5	4	3	2	6	1	9	8	7
2	8	9	5	7	4	3	6	1
6	7	1	8	3	9	5	4	2
8	1	5	4	2	7	6	9	3
4	9	6	1	8	3	2	7	5
3	2	7	6	9	5	8	1	4
9	3	4	7	5	6	1	2	8
1	6	8	3	4	2	7	5	9
7	5	2	9	1	8	4	3	6

Nr. 22 **Lösung**

				3	4			2
	1	6	9					3
2				1	8			7
4		7				9		5
		1		7		2		
		5				3		6
8			2	5				4
1					6	7	5	
6			3	9				

Nr. 23 Schwierigkeit: leicht

2		9				3	4	
	8							
	5	1	9		3		6	8
	1	7			2		3	
9				1				6
	4		7			1	2	
1	3		4		8	6	7	
							1	
	7	6				8		9

Nr. 24 Schwierigkeit: leicht

5	9	8	7	3	4	1	6	2
7	1	6	9	2	5	4	8	3
2	4	3	6	1	8	5	9	7
4	2	7	8	6	3	9	1	5
3	6	1	5	7	9	2	4	8
9	8	5	1	4	2	3	7	6
8	7	9	2	5	1	6	3	4
1	3	2	4	8	6	7	5	9
6	5	4	3	9	7	8	2	1

Nr. 23 **Lösung**

2	6	9	4	8	5	3	4	7
3	8	4	5	7	6	5	9	1
7	5	1	9	4	3	2	6	8
5	1	7	8	6	2	9	3	4
9	2	3	5	1	4	7	8	6
6	4	8	7	3	9	1	2	5
1	3	5	4	9	8	6	7	2
8	9	2	6	5	7	4	1	3
4	7	6	3	2	1	8	5	9

Nr. 24 **Lösung**

			1		8			
8	4						6	9
					6	7		8
9	2			1	4	5		6
		5		8		3		
1		4	5	6			7	2
5		2	8					
3	7						9	4
			3		7			

Nr. 25 Schwierigkeit: leicht

		4			8	5		3
9				5		2		
			6			9	8	
7	8		5		2		6	
4				9				8
	9		4		1		2	7
	6	9			5			
		7		1				5
1		3	2			8		

Nr. 26 Schwierigkeit: leicht

6	5	9	1	7	8	4	2	3
8	4	7	2	3	5	1	6	9
2	3	1	4	9	6	7	5	8
9	2	3	7	1	4	5	8	6
7	6	5	9	8	2	3	4	1
1	8	4	5	6	3	9	7	2
5	1	2	8	4	9	6	3	7
3	7	8	6	5	1	2	9	4
4	9	6	3	2	7	8	1	5

Nr. 25 **Lösung**

6	1	4	9	2	8	5	7	3
9	7	8	1	5	3	2	4	6
3	2	5	6	7	4	9	8	1
7	8	1	5	3	2	4	6	9
4	3	2	7	9	6	1	5	8
5	9	6	4	8	1	3	2	7
8	6	9	3	4	5	7	1	2
2	4	7	8	1	9	6	3	5
1	5	3	2	6	7	8	9	4

Nr. 26 **Lösung**

	6	2			8	4		
7	1			5			8	6
4		8	7	3			1	
6					4			
				9				
			3					1
	3			8	5	7		4
8	2			4			9	5
		5	2			6	3	

Nr. 27 Schwierigkeit: leicht

		4						1
8		3	9			2	4	
		6	8		7			
3				5	4			9
2		5		6		7		3
6			2	8				4
			3		1	4		
	1	2			5	9		8
9						5		

Nr. 28 Schwierigkeit: leicht

5	6	2	9	1	8	4	7	3
7	1	3	4	5	2	9	8	6
4	9	8	7	3	6	5	1	2
6	7	1	8	2	4	3	5	9
3	8	4	5	9	1	2	6	7
2	5	9	3	6	7	8	4	1
9	3	6	1	8	5	7	2	4
8	2	7	6	4	3	1	9	5
1	4	5	2	7	9	6	3	8

Nr. 27 **Lösung**

7	9	4	5	3	2	8	6	1
8	5	3	9	1	6	2	4	7
1	2	6	8	4	7	3	9	5
3	8	1	7	5	4	6	2	9
2	4	5	1	6	9	7	8	3
6	7	9	2	8	3	1	5	4
5	6	8	3	9	1	4	7	2
4	1	2	6	7	5	9	3	8
9	3	7	4	2	8	5	1	6

Nr. 28 **Lösung**

5			7		4		9	3
9		2	3				4	
					9	6	8	
3						1	6	
1				2				4
	5	9						8
	9	1	5					
	7				3	4		9
4	3		1		7			2

Nr. 29 Schwierigkeit: leicht

			6			9	2	8
9			7		5		6	
			9			4		
5	7	4						3
	8		3	5	9		7	
3						5	1	6
		7			6			
	2		4		1			5
1	5	6			3			

Nr. 30 Schwierigkeit: leicht

5	6	8	7	1	4	2	9	3
9	1	2	3	8	6	5	4	7
7	4	3	2	5	9	6	8	1
3	2	4	9	7	8	1	6	5
1	8	7	6	2	5	9	3	4
6	5	9	4	3	1	7	2	8
8	9	1	5	4	2	3	7	6
2	7	5	8	6	3	4	1	9
4	3	6	1	9	7	8	5	2

Nr. 29 **Lösung**

7	1	5	6	3	4	9	2	8
9	4	8	7	2	5	3	6	1
2	6	3	9	1	8	4	5	7
5	7	4	1	6	2	8	9	3
6	8	1	3	5	9	2	7	4
3	9	2	8	4	7	5	1	6
4	3	7	5	9	6	1	8	2
8	2	9	4	7	1	6	3	5
1	5	6	2	8	3	7	4	9

Nr. 30 **Lösung**

1	3					2	7	
4			5		2			
9	2					5		
2			8			3		
			6	4	9			
		9			5			1
		2					3	9
			3		7			4
	5	4					8	2

Nr. 31 Schwierigkeit: normal

6				2	1			3
	8		9		3			
	7	9					1	6
				9		1		
	4			7			2	
		3		8				
1	2					6	7	
			6		9		8	
8			2	5				1

Nr. 32 Schwierigkeit: normal

1	3	5	9	6	4	2	7	8
4	6	7	5	8	2	9	1	3
9	2	8	7	1	3	5	4	6
2	4	6	8	7	1	3	9	5
5	1	3	6	4	9	8	2	7
7	8	9	2	3	5	4	6	1
6	7	2	4	5	8	1	3	9
8	9	1	3	2	7	6	5	4
3	5	4	1	9	6	7	8	2

Nr. 31 **Lösung**

6	5	4	7	2	1	8	9	3
2	8	1	9	6	3	7	5	4
3	7	9	5	4	8	2	1	6
7	6	2	3	9	5	1	4	8
9	4	8	1	7	6	3	2	5
5	1	3	4	8	2	9	6	7
1	2	5	8	3	4	6	7	9
4	3	7	6	1	9	5	8	2
8	9	6	2	5	7	4	3	1

Nr. 32 **Lösung**

2		4					7	
		6	1		7	9		
		1	8	9		5		
			4				9	
6				3				8
	7				1			
		7		1	3	4		
		8	5		9	6		
	1					7		3

Nr. 33 Schwierigkeit: normal

		6	9				7	4
		9	5					
		7			3		2	6
4					9			
9	7			6			4	5
			3					9
3	5		1			4		
					7	1		
7	1				5	8		

Nr. 34 Schwierigkeit: normal

2	9	4	3	5	6	8	7	1
8	5	6	1	2	7	9	3	4
7	3	1	8	9	4	5	2	6
1	8	5	4	6	2	3	9	7
6	2	9	7	3	5	1	4	8
4	7	3	9	8	1	2	6	5
5	6	7	2	1	3	4	8	9
3	4	8	5	7	9	6	1	2
9	1	2	6	4	8	7	5	3

Nr. 33 **Lösung**

1	3	6	9	8	2	5	6	4
2	4	9	5	7	6	3	8	1
5	8	7	4	1	3	9	2	6
4	2	1	7	5	9	6	3	8
9	7	3	8	6	1	2	4	5
8	6	5	3	2	4	7	1	9
3	5	2	1	9	8	4	6	7
6	9	8	2	4	7	1	5	3
7	1	4	6	3	5	8	9	2

Nr. 34 **Lösung**

		3				8	6	2
		5	2		6			
6	7						9	
7			1			9	2	
				4				
	9	8			3			4
	3						4	9
			3		4	7		
4	6	7				5		

Nr. 35 Schwierigkeit: normal

	1					6		8
9			2			7	5	
				8	4		3	
		4		3				7
	7			6			4	
3				2		8		
	4		1	5				
	8	6			9			1
1		5					8	

Nr. 36 Schwierigkeit: normal

9	1	3	4	7	5	8	6	2
8	4	5	2	9	6	3	7	1
6	7	2	8	3	1	4	9	5
7	5	4	1	6	8	9	2	3
3	2	6	5	4	9	1	8	7
1	9	8	7	2	3	6	5	4
5	3	1	6	8	7	2	4	9
2	8	9	3	5	4	7	1	6
4	6	7	9	1	2	5	3	8

Nr. 35 **Lösung**

4	1	7	5	9	3	6	2	8
9	3	8	2	1	6	7	5	4
6	5	2	7	8	4	1	3	9
5	2	4	8	3	1	9	6	7
8	7	1	9	6	5	3	4	2
3	6	9	4	2	7	8	1	5
7	4	3	1	5	8	2	9	6
2	8	6	3	4	9	5	7	1
1	9	5	6	7	2	4	8	3

Nr. 36 **Lösung**

6		8			3	1		
3			6	7				
	9	2		5				
	3	7					2	
	6			5			7	
	4					9	5	
				4		8	1	
				3	8			6
		6	1			7		5

Nr. 37 Schwierigkeit: normal

	3		7	8				
8			5	6			1	
7						4	5	
		5	3		1			
	7			5			3	
			4		7	2		
	6	9						7
	5			7	2			6
				3	6		2	

Nr. 38 Schwierigkeit: normal

6	5	8	4	2	3	1	9	7
3	1	4	6	7	9	5	8	2
7	9	2	8	5	1	4	6	3
8	3	7	9	1	5	6	2	4
9	6	5	2	8	4	3	7	1
2	4	1	3	6	7	9	5	8
5	2	3	7	4	6	8	1	9
1	7	9	5	3	8	2	4	6
4	8	6	1	9	2	7	3	5

Nr. 37 **Lösung**

5	3	1	7	8	4	6	9	2
8	2	4	5	6	9	7	1	3
7	9	6	2	1	3	4	5	8
6	4	5	3	2	1	8	7	9
9	7	2	6	5	8	1	3	4
3	1	8	4	9	7	2	6	5
2	6	9	1	4	5	3	8	7
1	5	3	8	7	2	9	4	6
4	8	7	9	3	6	5	2	1

Nr. 38 **Lösung**

			1	7				
3				8	2		7	4
			4			5		
4	9					1		2
		8		4		7		
7		6					4	9
		1			3			
8	4		2	1				3
				6	4			

Nr. 39 Schwierigkeit: normal

		5			9		8	2
2						4		6
			2	6	8			
	5				4	2		8
				5				
6		1	9				5	
			7	4	6			
4		2						1
5	9		1			3		

Nr. 40 Schwierigkeit: normal

9	8	4	1	7	5	3	2	6
3	1	5	6	8	2	9	7	4
6	7	2	4	3	9	5	1	8
4	9	3	7	5	8	1	6	2
1	2	8	9	4	6	7	3	5
7	5	6	3	2	1	8	4	9
2	6	1	5	9	3	4	8	7
8	4	9	2	1	7	6	5	3
5	3	7	8	6	4	2	9	1

Nr. 39 **Lösung**

7	6	5	4	3	9	1	8	2
2	3	8	5	7	1	4	9	6
1	4	9	2	6	8	5	7	3
9	5	7	6	1	4	2	3	8
3	2	4	8	5	7	6	1	9
6	8	1	9	2	3	7	5	4
8	1	3	7	4	6	9	2	5
4	7	2	3	9	5	8	6	1
5	9	6	1	8	2	3	4	7

Nr. 40 **Lösung**

1	5					3	9	
8			3		6			
3	2					6		
4			5			2		
			1	9	8			
		5			2			3
		4					2	9
			7		1			5
	1	8					6	7

Nr. 41 Schwierigkeit: normal

1				3	8			7
	8		9		4			
	2	7					4	3
				4		3		
	3			5			6	
		8		9				
7	9					6	3	
			5		9		2	
6			3	2				1

Nr. 42 Schwierigkeit: normal

1	5	6	8	2	7	3	9	4
8	4	9	3	1	6	7	5	2
3	2	7	9	5	4	6	8	1
4	9	1	5	6	3	2	7	8
2	7	3	1	9	8	5	4	6
6	8	5	4	7	2	9	1	3
7	3	4	6	8	5	1	2	9
9	6	2	7	4	1	8	3	5
5	1	8	2	3	9	4	6	7

Nr. 41 **Lösung**

1	4	6	2	3	8	5	9	7
3	8	5	9	7	4	2	1	6
9	2	7	6	1	5	8	4	3
2	7	1	8	4	6	3	5	9
4	3	9	7	5	2	1	6	8
5	6	8	1	9	3	4	7	2
7	9	2	4	8	1	6	3	5
8	1	3	5	6	9	7	2	4
6	5	4	3	2	7	9	8	1

Nr. 42 **Lösung**

5		9					8	
		2	3		9	5		
		3	4	6		1		
			5				9	
2				3				8
	1				6			
		6		7	3	8		
		7	8		4	6		
	8					9		3

Nr. 43 Schwierigkeit: normal

		3	5				1	9
		2	4					
		8			2		4	7
9					4			
1	5			9			2	3
			1					4
8	7		6			9		
					7	8		
2	6				9	4		

Nr. 44 Schwierigkeit: normal

5	4	9	2	1	7	3	8	6
1	6	2	3	8	9	5	4	7
8	7	3	4	6	5	1	2	9
6	3	4	5	2	8	7	9	1
2	9	5	7	3	1	4	6	8
7	1	8	9	4	6	2	3	5
9	2	6	1	7	3	8	5	4
3	5	7	8	9	4	6	1	2
4	8	1	6	5	2	9	7	3

Nr. 43 **Lösung**

6	4	3	5	7	8	2	1	9
7	9	2	4	1	3	5	8	6
5	1	8	9	6	2	3	4	7
9	2	6	7	3	4	1	5	8
1	5	4	8	9	6	7	2	3
3	8	7	1	2	5	6	9	4
8	7	5	6	4	1	9	3	2
4	3	9	2	5	7	8	6	1
2	6	1	3	8	9	4	7	5

Nr. 44 **Lösung**

		1				3	5	8
		4	1		8			
8	9						4	
5			6			1	9	
				8				
	3	7			1			4
	8						1	9
			5		2	6		
4	7	6				2		

Nr. 45 Schwierigkeit: normal

	4					6		6
8			4			7	4	
				8	1		5	
		3		6				4
	8			4			2	
5				7		9		
	6		2	9				
	7	5			3			8
3		2						6

Nr. 46 Schwierigkeit: normal

7	6	1	2	9	4	3	5	8
3	5	4	1	7	8	9	6	2
8	9	2	3	6	5	7	4	1
5	4	8	6	2	7	1	9	3
1	2	9	4	8	3	5	7	6
6	3	7	9	5	1	8	2	4
2	8	5	7	3	6	4	1	9
9	1	3	5	4	2	6	8	7
4	7	6	8	1	9	2	3	5

Nr. 45 **Lösung**

7	4	1	9	2	5	6	8	3
8	5	9	4	3	6	7	1	2
2	3	6	7	8	1	4	5	9
9	1	3	5	6	2	8	7	4
6	8	7	3	4	9	5	2	1
5	2	4	1	7	8	9	3	6
1	6	8	2	9	7	3	4	5
4	7	5	6	1	3	2	9	8
3	9	2	8	5	4	1	6	7

Nr. 46 **Lösung**

3		5			7	4		
9			3	6				
	2	6		1				
	4	2					3	
	6			4			1	
	7					9	2	
				9		1	4	
				3	6			5
		1	7			6		9

Nr. 47 Schwierigkeit: normal

	8		7	4				
7			9	6			5	
4						9	6	
		6	5		2			
	3			8			7	
			1		3	2		
	7	9						5
	2			5	7			8
				1	9		4	

Nr. 48 Schwierigkeit: normal

3	8	5	9	2	7	4	6	1
9	1	4	3	6	8	7	5	2
7	2	6	4	1	5	3	9	8
1	4	2	5	7	9	8	3	6
8	6	9	2	4	3	5	1	7
5	7	3	6	8	1	9	2	4
6	5	7	8	9	2	1	4	3
4	9	8	1	3	6	2	7	5
2	3	1	7	5	4	6	8	9

Nr. 47 **Lösung**

9	8	5	7	4	6	3	1	2
7	6	2	9	3	1	8	5	4
4	1	3	8	2	5	9	6	7
8	9	6	5	7	2	4	3	1
2	3	1	6	8	4	5	7	9
5	4	7	1	9	3	2	8	6
3	7	9	4	6	8	1	2	5
1	2	4	3	5	7	6	9	8
6	5	8	2	1	9	7	4	3

Nr. 48 **Lösung**

			3	7				
9				2	4		5	8
			8			1		
5	3					4		7
		8		5		5		
7		1					9	6
		9			3			
3	7		2	5				1
				4	1			

Nr. 49 Schwierigkeit: normal

		9			5		6	1
7						8		3
			6	7	2			
	1				7	2		5
				5				
5		6	1				9	
			5	4	3			
2		4						9
1	3		2			5		

Nr. 50 Schwierigkeit: normal

1	8	4	3	7	5	2	6	9
9	6	3	1	2	4	7	5	8
2	5	7	8	9	6	1	3	4
5	3	2	6	1	9	4	8	7
6	9	8	4	3	7	5	1	2
7	4	1	5	8	2	3	9	6
4	1	9	7	6	3	8	2	5
3	7	6	2	5	8	9	4	1
8	2	5	9	4	1	6	7	3

Nr. 49 **Lösung**

4	2	9	8	3	5	7	6	1
7	6	5	9	1	4	8	2	3
3	8	1	6	7	2	9	5	4
9	1	3	4	6	7	2	8	5
8	7	2	3	5	9	4	1	6
5	4	6	1	2	8	3	9	7
6	9	8	5	4	3	1	7	2
2	5	4	7	8	1	6	3	9
1	3	7	2	9	6	5	4	8

Nr. 50 **Lösung**

8	5					9	6	
1			8		6			
9	7					8		
7			6			2		
			4	5	8			
		4			2			5
		7					8	9
			5		1			2
	6	1					5	7

Nr. 51 Schwierigkeit: normal

6				7	5			2
	7		9		4			
	4	3					5	9
				2		9		
	9			5			8	
		5		8				
1	5					2	7	
			7		3		6	
3			5	1				4

Nr. 52 Schwierigkeit: normal

8	5	3	1	2	7	9	6	4
1	4	2	8	9	6	5	7	3
9	7	6	3	4	5	8	2	1
7	1	5	6	3	9	2	4	8
3	2	9	4	5	8	7	1	6
6	8	4	7	1	2	3	9	5
5	3	7	2	6	4	1	8	9
4	9	8	5	7	1	6	3	2
2	6	1	9	8	3	4	5	7

Nr. 51 **Lösung**

6	1	9	8	7	5	3	4	2
5	7	2	9	3	4	6	1	8
8	4	3	2	6	1	7	5	9
4	8	6	1	2	7	9	3	5
2	9	1	3	5	6	4	8	7
7	3	5	4	8	9	1	2	6
1	5	4	6	9	8	2	7	3
9	2	8	7	4	3	5	6	1
3	6	7	5	1	2	8	9	4

Nr. 52 **Lösung**

4		7					8	
		5	9		7	4		
		8		5		3		
			8				6	
8				7				4
	5				2			
		1		4	3	9		
		2	1		6	8		
	3					7		6

Nr. 53 Schwierigkeit: normal

		5	6				8	7
		6	1					
		1			4		2	5
9					1			
6	2			9			4	1
			5					6
4	6		3			8		
					6	7		
1	3				8	9		

Nr. 54 Schwierigkeit: normal

4	9	7	2	3	1	6	8	5
3	6	5	9	8	7	4	2	1
1	2	8	6	5	4	3	7	9
2	4	3	8	1	9	5	6	7
8	1	6	3	7	5	2	9	4
7	5	9	4	6	2	1	3	8
6	8	1	7	4	3	9	5	2
5	7	2	1	9	6	8	4	3
9	3	4	5	2	8	7	1	6

Nr. 53 **Lösung**

2	4	5	6	3	9	1	8	7
8	7	6	1	2	5	4	3	9
3	9	1	8	7	4	6	2	5
9	5	3	4	6	1	2	7	8
6	2	8	7	9	3	5	4	1
7	1	4	5	8	2	3	9	6
4	6	9	3	1	7	8	5	2
5	8	2	9	4	6	7	1	3
1	3	7	2	5	8	9	6	4

Nr. 54 **Lösung**

		7				6	9	8
		3	9		1			
5	8						4	
7			6			2	1	
				1				
	1	6			9			5
	4						5	7
			4		2	8		
3	9	1				4		

Nr. 55 Schwierigkeit: normal

	7					5		4
2			4			6	7	
				1	5		9	
		1		5				6
	4			7			8	
3				2		9		
	1		9	8				
	3	9			2			8
8		7					6	

Nr. 56 Schwierigkeit: normal

1	2	7	5	3	4	6	9	8
4	6	3	9	8	1	5	7	2
5	8	9	7	2	6	1	4	3
7	3	4	6	5	8	2	1	9
9	5	8	2	1	7	3	6	4
2	1	6	3	4	9	7	8	5
8	4	2	1	6	3	9	5	7
6	7	5	4	9	2	8	3	1
3	9	1	8	7	5	4	2	6

Nr. 55 **Lösung**

1	7	8	2	9	6	5	3	4
2	9	5	4	3	8	6	7	1
4	6	3	7	1	5	8	9	2
7	8	1	3	5	9	4	2	6
9	4	2	6	7	1	3	8	5
3	5	6	8	2	4	9	1	7
6	1	4	9	8	7	2	5	3
5	3	9	1	6	2	7	4	8
8	2	7	5	4	3	1	6	9

Nr. 56 **Lösung**

9					1	2		
1			9	4				
	2	4		8				
	7	2					9	
	4			3			6	
	3					7	4	
				1		4	5	
				9	4			1
		5	3			9		8

Nr. 57 **Schwierigkeit: normal**

	7		9	2				
1			3	5			2	
6						4	3	
		8	7		3			
	4			8			1	
			2		9	5		
	6	7						8
	3			6	8			9
				9	7		5	

Nr. 58 **Schwierigkeit: normal**

9	8	6	7	5	1	2	3	4
1	5	3	9	4	2	6	8	7
7	2	4	6	8	3	5	1	9
8	7	2	4	6	5	1	9	3
5	4	9	1	3	7	8	6	2
6	3	1	8	2	9	7	4	5
3	9	7	2	1	3	4	5	6
2	6	8	5	9	4	3	7	1
4	1	5	3	7	6	9	2	8

Nr. 57 **Lösung**

5	7	3	9	2	4	8	6	1
1	8	4	3	5	6	9	2	7
6	9	2	8	7	1	4	3	5
2	5	8	7	1	3	6	9	4
3	4	9	6	8	5	7	1	2
7	1	6	2	4	9	5	8	3
9	6	7	5	3	2	1	4	8
4	3	5	1	6	8	2	7	9
8	2	1	4	9	7	3	5	6

Nr. 58 **Lösung**

			3	1				
3				5	2		1	6
			9			8		
5	6					4		9
		1		6		5		
7		4					2	1
		3			1			
6	9		2	3				8
				7	8			

Nr. 59 Schwierigkeit: normal

		3			9		8	6
6						3		9
			5	6	3			
	6				7	9		4
				4				
1		9	8				6	
			7	1	5			
3		4						2
7	9		3			6		

Nr. 60 Schwierigkeit: normal

2	8	6	3	1	7	9	5	4
3	4	9	8	5	2	7	1	6
1	7	5	9	4	6	8	3	2
5	6	8	1	2	3	4	7	9
9	2	1	7	6	4	5	8	3
7	3	4	5	8	9	6	2	1
8	5	3	4	9	1	2	6	7
6	9	7	2	3	5	1	4	8
4	1	2	6	7	8	3	9	5

Nr. 59 **Lösung**

4	5	3	2	7	9	1	8	6
6	7	2	4	8	1	3	5	9
9	8	1	5	6	3	2	4	7
2	6	8	1	5	7	9	3	4
5	3	7	9	4	6	8	2	1
1	4	9	8	3	2	7	6	5
8	2	6	7	1	5	4	9	3
3	1	4	6	9	8	5	7	2
7	9	5	3	2	4	6	1	8

Nr. 60 **Lösung**

			2	8				
		6	4					6
	1	7				4		
	9					1		
3			8	5	6			4
		2					5	
		3				7	9	
7					8	5		
				9	5			

Nr. 61 Schwierigkeit: schwer

	6					5		3
		5				2		
		9			5			6
				3				8
	8		4	7	1		6	
2				6				
7			6			3		
		8				7		
1		2					5	

Nr. 62 Schwierigkeit: schwer

9	4	6	2	8	7	3	1	5
8	3	5	1	4	9	2	7	6
2	1	7	5	6	3	4	8	9
5	9	8	3	2	4	1	6	7
3	7	1	8	5	6	9	2	4
4	6	2	9	7	1	8	5	3
6	5	3	4	1	2	7	9	8
7	2	9	6	3	8	5	4	1
1	8	4	7	9	5	6	3	2

Nr. 61 **Lösung**

8	6	7	2	9	4	5	1	3
4	1	5	3	8	6	2	9	7
3	2	9	7	1	5	8	4	6
9	4	6	5	3	2	1	7	8
5	8	3	4	7	1	9	6	2
2	7	1	9	6	8	4	3	5
7	5	4	6	2	9	3	8	1
6	9	8	1	5	3	7	2	4
1	3	2	8	4	7	6	5	9

Nr. 62 **Lösung**

9			7					
	3			1		6		
	7				2			
			8			4		9
7		5		4		1		6
4		6			9			
			6				3	
		4		2			9	
					5			7

Nr. 63 Schwierigkeit: schwer

2	5				7			
9		8		3				
							3	
				8	6	4		7
		4		2		1		
5		6	7	9				
	4							
				5		9		3
			9				2	8

Nr. 64 Schwierigkeit: schwer

9	4	2	7	6	8	3	1	5
5	3	8	9	1	4	6	7	2
6	7	1	5	3	2	9	4	8
1	2	3	8	7	6	4	5	9
7	9	5	2	4	3	1	8	6
4	8	6	1	5	9	7	2	3
2	5	7	6	9	1	8	3	4
8	6	4	3	2	7	5	9	1
3	1	9	4	8	5	2	6	7

Nr. 63 **Lösung**

2	5	3	8	1	7	6	9	4
9	6	8	4	3	5	2	7	1
4	7	1	2	6	9	8	3	5
3	9	2	1	8	6	4	5	7
7	8	4	5	2	3	1	6	9
5	1	6	7	9	4	3	8	2
8	4	9	3	7	2	5	1	6
1	2	7	6	5	8	9	4	3
6	3	5	9	4	1	7	2	

Nr. 64 **Lösung**

6					4	5		
	4						2	
			3		9		6	
		5		3			7	
3				5				8
	9			1		4		
	6		1		8			
	7						4	
		2	6					3

Nr. 65 Schwierigkeit: schwer

			7		6			5
		4					8	2
	2	3			8			
			2				1	
8				4				6
	5				7			
			3			9	7	
1	3					8		
7			1		9			

Nr. 66 Schwierigkeit: schwer

6	3	9	7	2	4	5	8	1
8	4	7	5	6	1	3	2	9
2	5	1	3	8	9	7	6	4
1	8	5	4	3	6	9	7	2
3	2	4	9	5	7	6	1	8
7	9	6	8	1	2	4	3	5
9	6	3	1	4	8	2	5	7
5	7	8	2	9	3	1	4	6
4	1	2	6	7	5	8	9	3

Nr. 65 **Lösung**

9	1	8	7	2	6	3	4	5
6	7	4	9	3	5	1	8	2
5	2	3	4	1	8	6	9	7
4	6	7	2	9	3	5	1	8
8	9	2	5	4	1	7	3	6
3	5	1	8	6	7	4	2	9
2	8	6	3	5	4	9	7	1
1	3	9	6	7	2	8	5	4
7	4	5	1	8	9	2	6	3

Nr. 66 **Lösung**

8	3	9				2		
				1	3		4	
5					6			
	7							8
			6	2	9			
4							2	
			9					6
	8		5	3				
		4				3	1	2

Nr. 67 Schwierigkeit: schwer

				8				1
		9					4	2
	7	3			4			
6					2		9	
		5		4		1		
	1		7					6
			5			8	1	
4	3					6		
2				6				

Nr. 68 Schwierigkeit: schwer

8	3	9	4	7	5	2	6	1
2	6	7	8	1	3	9	4	5
5	4	1	2	9	6	8	3	7
6	7	2	3	5	4	1	9	8
3	1	8	6	2	9	7	5	4
4	9	5	1	8	7	6	2	3
7	2	3	9	4	1	5	8	6
1	8	6	5	3	2	4	7	9
9	5	4	7	6	8	3	1	2

Nr. 67 **Lösung**

5	4	2	6	8	7	9	3	1
8	6	9	3	1	5	7	4	2
1	7	3	2	9	4	5	6	8
6	8	7	1	5	2	4	9	3
3	2	5	9	4	6	1	8	7
9	1	4	7	3	8	2	5	6
7	9	6	5	2	3	8	1	4
4	3	1	8	7	9	6	2	5
2	5	8	4	6	1	3	7	9

Nr. 68 **Lösung**

4					8			2
5	7	3						
	9		6	5				
					6		9	
		7		9		8		
	2		5					
				2	1		8	
						7	4	5
8			4					3

Nr. 69 Schwierigkeit: schwer

			3		1	5		
	5			2				8
				8		6		
9			8				2	
	7			5			8	
	2				6			1
		8		3				
5				9			4	
		1	4		2			

Nr. 70 Schwierigkeit: schwer

4	1	6	7	3	8	9	5	2
5	7	3	9	1	2	4	6	8
2	9	8	6	5	4	3	7	1
3	8	1	2	4	6	5	9	7
6	5	7	1	9	3	8	2	4
9	2	4	5	8	7	1	3	6
7	4	5	3	2	1	6	8	9
1	3	2	8	6	9	7	4	5
8	6	9	4	7	5	2	1	3

Nr. 69 **Lösung**

6	8	2	3	7	1	5	9	4
4	5	3	6	2	9	8	1	7
7	1	9	5	8	4	6	3	2
9	3	6	8	1	7	4	2	5
1	7	4	2	5	3	9	8	6
8	2	5	9	4	6	3	7	1
2	4	8	7	3	5	1	6	9
5	6	7	1	9	8	2	4	3
3	9	1	4	6	2	7	5	8

Nr. 70 **Lösung**

			2	5				
		5	8					2
	1	9				7		
	2					5		
4			3	9	5			6
		3					8	
		4				2	1	
3					7	4		
				1	3			

Nr. 71 Schwierigkeit: schwer

	8					3		1
		3				4		
		7			1			9
				6				3
	5		8	3	4		9	
2				1				
5			2			1		
		2				7		
7		6					4	

Nr. 72 Schwierigkeit: schwer

8	3	7	2	5	9	6	4	1
6	4	5	8	7	1	3	9	2
2	1	9	6	3	4	7	5	8
9	2	6	1	4	8	5	3	7
4	7	8	3	9	5	1	2	6
1	5	3	7	6	2	9	8	4
7	9	4	5	8	6	2	1	3
3	8	1	9	2	7	4	6	5
5	6	2	4	1	3	8	7	9

Nr. 71 **Lösung**

9	8	5	4	2	7	3	6	1
1	2	3	6	9	8	4	7	5
4	6	7	3	5	1	8	2	9
8	7	4	9	6	2	5	1	3
6	5	1	8	3	4	2	9	7
2	3	9	7	1	5	6	8	4
5	4	8	2	7	9	1	3	6
3	9	2	1	4	6	7	5	8
7	1	6	5	8	3	9	4	2

Nr. 72 **Lösung**

5			6					
	4			5		1		
	6				7			
			8			5		3
1		9		2		8		7
3		7			9			
			3				8	
		2		8			1	
					2			4

Nr. 73 Schwierigkeit: schwer

3	9				5			
6		8		7				
							3	
				2	1	4		7
		7		6		3		
5		1	7	9				
	4							
				3		8		9
			6				7	5

Nr. 74 Schwierigkeit: schwer

5	7	1	6	9	4	3	2	8
9	4	3	2	5	8	1	7	6
2	6	8	1	3	7	4	5	9
6	2	4	8	7	1	5	9	3
1	5	9	4	2	3	8	6	7
3	8	7	5	6	9	2	4	1
7	1	6	3	4	5	9	8	2
4	3	2	9	8	6	7	1	5
8	9	5	7	1	2	6	3	4

Nr. 73 **Lösung**

3	9	4	2	8	5	7	1	6
6	1	8	9	7	3	5	2	4
2	7	5	1	4	6	9	3	8
8	6	9	3	2	1	4	5	7
4	2	7	5	6	8	3	9	1
5	3	1	4	9	7	6	8	2
7	4	2	8	5	9	1	6	3
1	5	6	7	3	2	8	4	9
9	8	3	6	1	4	2	7	5

Nr. 74 **Lösung**

4					6	2		
	3						5	
			2		1		9	
		6		3			2	
5				4				3
	9			8		5		
	6		4		5			
	2						3	
		1	9					8

Nr. 75 Schwierigkeit: schwer

			3		1			2
		3					9	6
	4	8			6			
			8				5	
9				4				1
	2				3			
			1			6	3	
4	1					8		
3			7		5			

Nr. 76 Schwierigkeit: schwer

4	1	5	3	9	6	2	8	7
2	3	9	8	7	4	6	5	1
6	7	8	2	5	1	3	9	4
1	4	6	5	3	7	8	2	9
5	8	2	6	4	9	7	1	3
3	9	7	1	8	2	5	4	6
8	6	3	4	1	5	9	7	2
9	2	4	7	6	8	1	3	5
7	5	1	9	2	3	4	6	8

Nr. 75 **Lösung**

7	9	6	3	5	1	4	8	2
2	5	3	4	7	8	1	9	6
1	4	8	2	9	6	5	7	3
6	3	4	8	1	7	2	5	9
9	8	7	5	4	2	3	6	1
5	2	1	9	6	3	7	4	8
8	7	9	1	2	4	6	3	5
4	1	5	6	3	9	8	2	7
3	6	2	7	8	5	9	1	4

Nr. 76 **Lösung**

7	9	3				8		
				6	1		7	
6					8			
	8							7
			8	7	2			
1							2	
			1					9
	7		3	4				
		5				1	3	2

Nr. 77 Schwierigkeit: schwer

				3				5
		8					6	4
	3	4			5			
8					9		2	
		1		5		4		
	5		1					9
			7			6	4	
9	1					8		
3				2				

Nr. 78 Schwierigkeit: schwer

7	9	3	2	5	4	8	6	1
5	2	8	9	6	1	3	7	4
6	1	4	7	3	8	2	9	5
3	8	2	4	1	6	9	5	7
4	5	9	8	7	2	6	1	3
1	6	7	5	9	3	4	2	8
8	3	6	1	2	5	7	4	9
2	7	1	3	4	9	5	8	6
9	4	5	6	8	7	1	3	2

Nr. 77 **Lösung**

6	7	9	8	3	4	2	1	5
5	2	8	9	1	7	3	6	4
1	3	4	2	6	5	9	7	8
8	6	3	4	7	9	5	2	1
7	9	1	3	5	2	4	8	6
4	5	2	1	8	6	7	3	9
2	8	5	7	9	1	6	4	3
9	1	7	6	4	3	8	5	2
3	4	6	5	2	8	1	9	7

Nr. 78 **Lösung**

9					2			7
2	7	3						
	6		4	5				
					6		7	
		1		9		4		
	2		3					
				1	8		4	
						8	9	6
6			7					3

Nr. 79 Schwierigkeit: schwer

			2		8	3		
	7			5				4
				9		1		
6			9				5	
	3			1			2	
	2				7			9
		3		6				
5				2			9	
		7	4		1			

Nr. 80 Schwierigkeit: schwer

9	5	4	8	3	2	6	1	7
2	7	3	9	6	1	5	8	4
1	6	8	4	5	7	2	3	9
5	4	9	1	8	6	3	7	2
7	3	1	2	9	5	4	6	8
8	2	6	3	7	4	9	5	1
3	9	2	6	1	8	7	4	5
4	1	7	5	2	3	8	9	6
6	8	5	7	4	9	1	2	3

Nr. 79 **Lösung**

9	4	1	2	7	8	3	6	5
3	7	2	1	5	6	9	8	4
8	5	6	3	9	4	1	7	2
6	1	8	9	4	2	7	5	3
7	3	9	6	1	5	4	2	8
4	2	5	8	3	7	6	1	9
1	8	3	5	6	9	2	4	7
5	6	4	7	2	3	8	9	1
2	9	7	4	8	1	5	3	6

Nr. 80 **Lösung**

			2	7				
		3	1					6
	7	9				4		
	6					8		
4			6	8	3			1
		8					9	
		5				3	8	
2					4	5		
				6	8			

Nr. 81 **Schwierigkeit: schwer**

	3					7		6
		6				8		
		8			1			2
				6				5
	5		3	7	4		1	
9				1				
7			2			3		
		4				1		
2		3					9	

Nr. 82 **Schwierigkeit: schwer**

5	4	6	2	7	9	1	3	8
8	2	3	1	4	5	9	7	6
1	7	9	8	3	6	4	2	5
3	6	1	9	5	7	8	4	2
4	9	2	6	8	3	7	5	1
7	5	8	4	2	1	6	9	3
6	1	5	7	9	2	3	8	4
2	8	7	3	1	4	5	6	9
9	3	4	5	6	8	2	1	7

Nr. 81 **Lösung**

1	3	9	8	2	5	7	4	6
5	2	6	4	9	7	8	3	1
4	7	8	6	3	1	9	5	2
3	4	1	9	6	8	2	7	5
8	5	2	3	7	4	6	1	9
9	6	7	5	1	2	4	8	3
7	1	5	2	8	9	3	6	4
6	9	4	7	5	3	1	2	8
2	8	3	1	4	6	5	9	7

Nr. 82 **Lösung**

9			5					
	8			6		5		
	6				3			
			4			7		9
4		7		2		6		8
8		2			9			
			8				6	
		1		5			4	
					1			2

Nr. 83 Schwierigkeit: schwer

4	6				5			
7		2		8				
							1	
				2	8	7		3
		9		6		4		
3		1	9	5				
	4							
				3		5		4
			6				8	2

Nr.84 Schwierigkeit: schwer

9	2	3	5	8	4	1	7	6
1	8	4	2	6	7	5	9	3
7	6	5	1	9	3	2	8	4
3	5	6	4	1	8	7	2	9
4	9	7	3	2	5	6	1	8
8	1	2	6	7	9	4	3	5
5	7	9	8	4	2	3	6	1
2	3	1	9	5	6	8	4	7
6	4	8	7	3	1	9	5	2

Nr. 83 **Lösung**

4	6	8	2	1	5	3	7	9
7	1	2	3	8	9	6	4	5
5	9	3	4	7	6	2	1	8
6	5	4	1	2	8	7	9	3
2	8	9	7	6	3	4	5	1
3	7	1	9	5	4	8	2	6
8	4	6	5	9	2	1	3	7
9	2	7	8	3	1	5	6	4
1	3	5	6	4	7	9	8	2

Nr. 84 **Lösung**